LIVRET-GUIDE D'ÉTAT-CIVIL

de

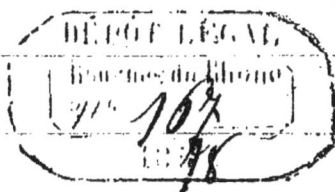

Ce livret contient les indications nécessaires
pour établir soi même, d'une maniere parfaite,
son état civil et celui de ses enfants (s'il y a lieu)
Une instruction pour bien faire les déclarations
de naissance et de décès
Un aperçu des conditions requises et des formalités à
remplir pour le mariage, ainsi q'un tableau du coût
des Pièces à produire pour sa célébration; avec le moyen
de se les procurer en regle et promptement.
soit pour le mariage soit pour
toute autre déstination.
etc., etc.

Par P. AUBERT

ANCIEN SECRÉTAIRE COMMUNAL, ANCIEN EMPLOYÉ
A L'ÉTAT-CIVIL DE LA MAIRIE DE MARSEILLE,
TRADUCTEUR JURÉ POUR LES LANGUES ITALIENNE ET LATINE.

MARSEILLE

Chez l'auteur rue St-Gilles, 7, et chez tous les libraires

—

1878

NOTIONS D'ÉTAT CIVIL PRATIQUE

UTILES A TOUT LE MONDE ET SURTOUT AUX PERSONNES MARIÉES

LIVRET-GUIDE D'ÉTAT-CIVIL

Ce livret contient les indications nécessaires
pour établir soi même, d'une manière parfaite,
son état civil et celui de ses enfants (s'il y a lieu)
Une instruction pour bien faire les déclarations
de naissance et de décès.
un aperçu des conditions requises et des formalités à
remplir pour le mariage, ainsi qu'un tableau du coût
des Pièces à produire pour sa célébration; avec le moyen
de se les procurer en règle et promptement.
soit pour le mariage soit pour
toute autre destination.
etc., etc.

Par P. AUBERT

ANCIEN SECRÉTAIRE COMMUNAL, ANCIEN EMPLOYÉ
A L'ÉTAT-CIVIL DE LA MAIRIE DE MARSEILLE,
TRADUCTEUR JURÉ POUR LES LANGUES ITALIENNE ET LATINE.

MARSEILLE

Chez l'auteur rue St-Gilles, 7, et chez tous les libraires

1878

Modèle d'inscription sur la couverture
suivant le cas

LIVRET--GUIDE D'ÉTAT CIVIL

de *François Marius Giraud*
(*s'il est marié*)
et *Madeleine Célestine Rodier*.

Le contenu de ce Livret-Guide, excepté les articles du Code Civil, Avis du Conseil d'Etat, Lois, Décrets, Arrétés, etc., ne pourra être considéré comme légal, mais simplement donné à titre de renseignement.

Il en sera de même pour l'état civil des époux et de leurs enfants, page 4 et suivantes.

La lecture en est recommandée aux pères de famille qui devront le présenter à l'officier de l'État Civil, à chaque déclaration de naissance ou de décès, et le présenter aussi à la paroisse lors du baptéme de leurs enfants, dans le cas où ils n'auraient pas de bulletin de naissance de la Mairie.

On fera bien de le communiquer au notaire, quand on aura un contrat à passer, ou des affaires de famille à régler.

Tout contrefacteur ou tout distributeur non autorisé, sera poursuivi.

INDICATION POUR ÉTABLIR L'ÉTAT CIVIL DES ÉPOUX

Le tableau de l'état civil des époux, ci-après page 4 et 5 sera rempli, *pour les futurs époux* par l'officier de l'Etat-civil qui célébrera leur mariage ; *pour les personnes dejà mariées*, elles pourront le remplir elles-mêmes, soit au moyen de pièces authentiques de leur mariage, ou de souvenir, soit en demandant des notes à cet effet, comme il est indiqué à la fin du livret, page 43, ou en s'adressant par lettre affranchie à M. AUBERT auteur du livret, Rue St, Gilles, 7, coin Place des Hommes à Marseille, qui se chargera de le remplir lui-même sur les indications de la date et du lieu de célébration du mariage en France et de la date et du lieu de naissance des enfants, s'il y en a à inscrire.

Ecrire bien lisiblement les noms et prénoms des époux et euvoyer un mandat de poste de 2. fr., pour livret simple ne contenant que le mariage des époux *céléhré à Marseille*, ajouter 50 centimes par enfant à inscrire, quand il sera né au même lieu, et 1 fr., quand il sera né dans une autre commune en France. On recevra franco le livret rempli.

Adresser un mandat de poste de 5 fr. 30 quand le mariage aura été célébré dans toute autre commune en France. Pour Lyon et Paris indiquer l'arrondissement et pour cette dernière ville ajouter 1 fr. 20 c. pour le droit spécial sur les expéditions des actes de l'Etat-civil ; en tout 6,50 c. On recevra franco par la poste le livret rempli et l'expédition de l'acte de mariage.

M. Aubert expédie aussi, *franco*, le livret en blanc contre 1 franc 10 c. en timbres-poste les 6 pour 6 francs, aussi en timbres-poste ou mieux en un mandat (affranchir.)

ÉTAT CIVIL (indications)	EPOUX	EPOUSE	OBSERVATIONS
Nom patronymique ou de famille	*GIRAUD*	*et* *RODIER*	On légitimé deux en fants inscrits ci-après L'époux veuf en 1ere nôces de Marie Gaum et en 2ems de ···
Prénoms	*François Marius*	*Madeleine Célestine*	
Lieu / Date { de la naissance	*Avignon (Vaucluse)*	*Draguignan (Var)*	
	17 novembre 1818	*14 Novembre 1819*	
Profession et Domicile	*boulanger à Aix (B.-du-R.)*	*boulangère à Pourrières (Var)*	
Filiation	Fils de *Jacques André GIRAUD* Et de *Louise MARTIN* ....mariés	Fille de *Joseph Louis RODIER* Et de *Anne BRÉMOND* ...mariés	
Veuvage S'il y en a plusieurs, on n'indique ici que le dernier.	*Veuf de Rose Julie SIMON sans profession*	Veuve de *Joseph Louis Tardieu*, boulanger	
Contrat de Mariage	Passé le *13 Juin 1851*	Notaire *Roman*, à *Pourrières (Var)*	
Décès	Décédé le à	Décédée le *28 Avril 1860* à *Marseille (Bouches-du-Rhône)*	

Ont contracté Mariage, à Pourrières (Var)

C. AUBERT
Timbre
MARSEILLE

Le *14 Juin* mil huit cent cinquante un
Etabli sur le vu des actes de mariage et de naissance
à *Marseille* le *20 Février 1878*
Signature et qualité du Signataire
AUBERT, agent d'état civil.

ou

L'*époux*, *Giraud*.

ENFANTS ISSUS DE CE MARIAGE

	Prénoms	Lieu et	Date de la Naissance	Suite de leur existence
GIRAUD	*Louis Charles*	*Brignoles (Var)*	le *6 Décembre 1848*	*Mort à Carcès (Var) le 16 Août 1875*
	Alphonsine Louise	*Monosque (Basses Alpes)*	le *17 Mars 1850*	*Mariée à Marseille le 15 Juin 1874 avec François COLIN.*
	Thérèse Emilie	*Avignon (Vaucluse)*	le *7 Novembre 1856*	*Religieuse Carmélite à Aix (Bouches-du-Rhône) le ···*

ÉTAT CIVIL (1) (*indications*)			OBSERVATIONS
NOM PATRONYMIQUE OU DE FAMILLE			
PRENOMS			
̤U ⎰ DE LA NAISSANCE ̤TE ⎱			
OFÉSSION ET DOMICILE			
FILIATION	Fils de et de	Fille de et de	
VEUVAGE y en a plusieurs, on n'in-iique ici que le dernier	Veuf de	Veuve de	
CONTRAT DE MARIAGE	Passé le	Notaire à	
DÉCÈS	Décédé le à	Décédée le à	

Ont contracté Mariage à

Le

Etabli sur

A   le   18

Timbre

Signature et qualité du signataire

ENFANTS ISSUS DE CE MARIAGE, VOIR D'AUTRE PART.

1) Les célibataires peuvent établir ce coté-ci du tableau, s'ils se marient établiront l'autre côté.

PRÉNOMS	LIEU ET

DATE DE LA NAISSANCE	SUITE DE LEUR EXISTENCE

Cette page est destinée à recevoir la date et l'indication des évènements principaux survenus aux enfants ou dans la famille.

Ne noter que de faits capitaux et sommairement, comme l'indique le bas de la page 3.

DATE	

NOTIONS PRÉLIMINAIRES

L'état civil des personnes, indique leur situation civile dans la famille et dans la société, comme enfant légitime, naturel ou adoptif, père ou mère, aïeul, bisaïeul, etc., époux, veuf ou célibataire; leurs prénoms et nom, âge, profession, domicile, lieu de naissance, et enfin leur décès.

La constatation de ces divers états qui se résument en ces trois faits principaux de la vie humaine: la naissance, le mariage et le décès, forme ce qu'on appelle plus spécialement *l'Etat-civil*.

Cette constatation se fait sur des registres publics, dans des écrits ou *actes* indiquant le lieu, l'année le jour et l'heure où ces actes ont été reçus et en outre le lieu, l'année le jour et l'heure où les faits constatés se sont accomplis. Ces registres sont tenus par les maires des communes ou par leurs délégués, et ces fonctionnaires prennent alors la qualité d'*officiers* de l'État-civil.

Les actes qu'ils reçoivent, une fois terminés et signés, ne peuvent plus subir le moindre changement que par jugement des tribunaux.

Il est donc très-important pour les familles de veiller attentivement à ce qu'aucune erreur ou omission ne survienne dans la rédaction des actes qui les concernent, et de fournir par conséquent des renseignements exacts dans les diverses déclarations qu'elles ont à faire.

Une longue expérience m'ayant appris que le peu de soin généralement apporté dans ces déclarations et les erreurs fréquentes qui en sont la suite, doivent être attribués en grande partie à ce que la connaissance de *l'Etat Civil* manque presque entièrement au public.

Je crois à propos de donner ici un court et simple aperçu de ce qu'il est bon de savoir de plus usuel à ce sujet, pour être à même d'éviter les inconvénients, quelquefois très-graves, qui résultent de l'inobservation des règles les plus élémentaires de la loi sur les *Actes* de l'État-Civil; surtout dans les déclarations de naissance et de décès.

Il existe bien des traités sur la matière, mais, outre que ces livres sont à un prix élevé, leurs auteurs n'ont eu d'autre but, en général, que d'indiquer aux maires les

devoirs et les formalités qu'ils ont à remplir en qualité
d'officiers de l'Etat-civil. Mais pour le public, aucun écrit,
que je sache, à sa portée et d'un prix modique. qui ait
été fait pour lui apprendre, d'abord, ce que prescrit la
loi dans l'occasion, et ensuite ce qu'il faut éviter, dans
son application, au moins dans la plus fréquente et la plus
ordinaire. C'est cette lacune que je veux tâcher de remplir
par la connaissance pratique de l'Etat-civil, et non avec
le Code à la main ; car combien de prescriptions qu'il contient ne s'exécutent pas ou s'exécutent dans un pays et non
dans l'autre : et combien de règles adopte-t-on en état civil
qui ne sont pas dans le Code et qui s'exécutent même
rigoureusement. Ces différences proviennent de l'inter-
prétation de la loi dans son esprit ou dans sa lettre ; et,
quoique le fond reste le même, la forme est soumise, par
suite, à un grand nombre de variations, suivant le cas, le
lieu, les traditions suivies et les formules adoptées dans
les mairies.

Quant au fond même de la loi, pour son application la
plus naturelle dans certain cas, l'Avis du Conseil d'État,
du 4 thermidor an XIII, (23 Juillet 1805), sur les
formalités relatives au mariage, contient un considérant que les officiers de l'Etat-civil ne doivent pas craindre de se rappeler souvent, par ce qu'il peut servir quelquefois à les guider dans leurs fonctions.

Il est ainsi conçu :

« Considérant que les difficultés naissent de ce que les
« officiers de l'État-civil ne distinguent pas assez soi-
« gneusement les divers cas que la loi a voulu régler,
« de ceux qu'elle a laissés à la disposition des principes
« généraux et du droit commun (1). »

Or, ces officiers, à moins de cas exceptionnels ou lorsque le droit de déclaration est en cause, n'ont qu'à
écrire les déclarations qui leur sont faites sans chercher à
les interpréter dans un sens ou dans un autre, c'est ce qui
résulte clairement de l'article 35 du Code civil : « Les offi-

---

(1) *Remarque.* — La loi n'a pas prévu le cas, par exemple,
ou la mère ferait elle même la déclaration de naissance de son
enfant, c'est ce qui arrive cependant quelquefois à Marseille.

Une fille ou une femme, souvent abandonnée, parfois se présente à l'Etat-civil, deux ou trois jours après son accouchement,
pour faire cette déclaration qui est acceptée, comme une autre.

La loi ne prescrit pas non plus d'indiquer le jour et l'heure
du décès, c'est cependant ce qui se fait partout ; les inconvénients qui en résulteraient pour l'ouverture des successions ,
si on s'en tenait à la lettre de la loi, seraient excessivement
fâcheux.

« ciers de l'État-civil ne pour ront rien insérer dans les
« actes qu'ils recevront, soit par note, soit par énonciatiou
« quelconque, que ce qui doit être déclaré par les com
« parants. »

Enfin ils ne sont pas pour juger, mais pour constater
les déclarations; ils peuvent et doivent seulement guider
les déclarants dans leur dire par des indications générales,
afin que les actes soient rédigés avec des formules
uniformes.

Ils ne peuvent pas, non plus, refuser de recevoir une
déclaration par le motif qu'on ne leur présente pas de
pièces à l'appui, c'est seulement pour le mariage qu'elles
sont rigoureusement nécessaires.

Les déclarants sont d'ailleurs seuls responsables de
leur déclaration, et cela suffit pour qu'elle ne puisse être
refusée, à moins qu'elle ne contienne des énonciations con-
traires à la loi, comme, par exemple, celle de la naissance
d'un enfant fils d'un homme déjà marié avec une autre
femme que la mère, ou fils de personnes entre lesquelles le
mariage est prohibé absolument.

Il ne faut pas, d'un autre coté, que le public s'imagine
que cette demande de pièces soit inopportune; c'est pour
son avantage, et il y a tant de déclarations mal faites, surtout dans les grandes villes, que l'officier de l'Etat-civil
doit faire tout son possible pour en diminuer le nombre.
Le mieux est donc de s'entendre de bonne grâce et de
prendre un peu de peine, dans l'intérêt des familles, pour
fournir les renseignements nécessaires, à moins d'impossibilité absolue, ce qui est presque toujours une exception.

Il est bon que l'on sache aussi, que tous les actes de
l'Etat-civil ne font foi que jusqu'à inscription de faux, c'est-
à-dire, que leur contenu peut être contesté, en tout, ou en
partie, et c'est ce qui arrive assez souvent; les tribunaux
sont appelés à en connaitre, pour les modifications que les
intéressés auraient à faire subir à la déclaration primi-
tive, faite à l'officier de l'Etat-civil; mais il y a toujours,
dans ce cas, des dépenses et même des procès que la pratique des règles indiquées dans ce livret servira à faire
éviter.

A l'appui de ce qui précède, et pour mieux faire res-
sortir l'importance de déclarations exactes à l'Etat-civil,
je joins ici un tableau de tous les actes omis, ou mal rédigés faute de déclarations régulières, pendant les dix
dernières annés, dans l'arrondissement de Marseille, et
dont l'inscription ou la rectification a dù être ordonnée
par jugement du tribunal civil.

MILLÉSIME	ACTES OMIS	ACTES RECTIFIÉS
1868	17	45
1869	27	50
1870	21	48
1871	21	52
1872	20	73
1873	18	66
1874	30	76
1875	22	74
1876	28	71
1877	28	79

Le tableau ci-dessus se rapporte seulement aux actes sur lesquels le tribunal a rendu un jugement. Mais si on y ajoutait les actes de notoriété ou de rectification dressés dans tout l'arrondissement par les juges de paix, les notaires et les maires, au sujet des actes erronés qui dans l'occasion ont nécessité une enquête pour établir l'identité des personnes malgré les différences existant dans les actes qui les concernaient, le nombre en serait beaucoup plus considérable qu'on ne pourrait croire.

Une preuve du peu de soin que l'on prend de l'état civil des personnes, c'est la négligence que mettent les pères de famille, à surveiller sous ce rapport l'instruction de leurs enfants, car il n'est pas rare de voir le père et le fils, ou deux frères fils du même père, signer leur nom d'une manière différente: l'un signe Garnier, l'autre Granier ; l'un Reinaud, l'autre Raynaud ou Reynaud; le père signe Robin, le fils, Roubin; un frère signe Bourrelly, l'autre frère, Borély, ce qui devant la loi n'est pas le même nom.

Une autre cause de cette différence dans le nom patronymique, comme d'autres erreurs, c'est le peu de soin que prennent les pères de famille, quand ils quittent la commune où ils sont nés ou mariés, pour aller s'établir dans une autre, de se munir de pièces nécessaires pour constater leur état civil. Et qu'on ne dise pas que c'est une dépense qu'une famille pauvre est bien aise d'éviter, car toutes ces pièces ne coûtent rien quand on les prend sous forme de notes ; et si elles ne sont pas authentiques, elles valent toujours mieux, dans l'occasion, qu'une déclaration verbale. Et que peuvent-ils faire de mieux aujourd'hui et de plus économique que de se munir d'un livret d'Etat civil et de le faire remplir, sans doute gratuitement, au maire de leur commune avant de la quitter ? Cette dépense très-minime leur épargnera, à coup sûr, tôt ou tard, bien de l'ennui et souvent des frais.

On sait bien que dans une petite commune les époux qui y sont mariés, ne risquent pas de voir fausser leur état civil, parce que le secrétaire de la Mairie est ordinairement assez avisé pour ne recevoir aucune déclaration de naissance ou de décès des enfants, ou de décès des époux, sans avoir sous les yeux l'acte de mariage de ces derniers.

Mais si ces époux ne sont pas mariés dans la commune, ou si, l'étant, ils vont s'établir dans une autre, qui est souvent une grande ville, l'expérience n'a que trop appris les graves inconvénients qui en résultent pour eux et leur famille, s'ils n'ont pas de pièces d'Etat-civil ; sans compter la peine que cette négligence donne plus tard aux administrations, quand les actes sont erronés.

Il faut donc que l'on soit bien prévenu que la moindre erreur ou la moindre omission, même d'une seule lettre, dans le nom de famille surtout, nécessite souvent un jugement du tribunal civil, ou au moins un acte de notoriété lorsqu'il y a une succession à disputer, un second mariage à contracter, une somme à retirer des caisses publiques, et dans d'autres cas assez nombreux.

L'omission ou l'interversion d'un ou de plusieurs prénoms a le même inconvénient, et les frais seuls de ces jugements coûtent en moyenne cent francs.

Je vais tâcher d'indiquer successivement les autres erreurs et omissions qui se produisent le plus souvent et on aura le moyen de s'en affranchir sans peine, à l'avenir : il suffit que l'on veuille bien, après avoir établi soi-même ou avoir fait établir un livret d'Etat civil, y inscrire ou y faire inscrire, dans les cases à ce destinées, la naissance ou le décès d'un membre de la famille, aussitôt que le fait se produira, en ayant le soin d'éviter les inconvénients ici signalés à ce sujet et de ne faire jamais aucune déclaration à l'Etat-civil sans présenter le livret.

Les employés de l'Etat-civil dans les grandes villes, et les secrétaires de mairie dans les communes rurales, y trouveront tout de suite les renseignements désirables pour pouvoir dresser, d'une manière parfaite, les actes de naissance ou de décès, concernaut la famille qui y est portée.

Ils y trouveront aussi, en cas de veuvage, les renseignements nécessaires pour le second mariage.

NAISSANCE

UN DÉCLARANT ET DEUX TÉMOINS MAJEURS

(sachant signer ou non).

CODE CIVIL

ART. 55.

« Les déclarations de naissance seront faites dans les « trois jours (1) de l'accouchement à l'officier de l'Etat-civil « du lieu ; l'enfant lui sera présenté.

ART. 56.

« La naissance de l'enfant sera déclarée par le père ou, « à défaut du père, par les docteurs en médecine ou en chi- « rurgie, sages-femmes, officiers de santé ou autres per- « sonnes qui auront assisté à l'accouchement, et, lorsque la « mère sera accouchée hors de son domicile, par la per- « sonne chez qui elle sera accouchée.

« L'acte de naissance sera rédigé de suite, en présence « de deux témoins.

ART. 57.

« L'acte de naissance énoncera le jour, l'heure et le lieu « de la naissance, le sexe de l'enfant, les prénoms qui lui

---

(1) Il est d'usage à Marseille que le jour de la naissance ne compte pas, et si dans les autres trois jours, il se trouve un jour de dimanche ou de fête, il ne compte pas non plus, ce qui porte quelquefois à cinq jours, le délai légal.

« seront donnés, les prénoms, noms, profession et domi-
« cile des père et mère et ceux des témoins.

———

Il est peu convenable et même très-imprudent de laisser à une sage-femme le soin de faire à l'État-civil la
déclaration de naissance d'un enfant légitime; ce n'est que
dans le cas de maladie ou d'absence, que le père doit se
départir de ce soin

Il y a, toutes les années, des jugements de tribunaux,
ordonnant l'inscription de naissance d'enfants qui n'ont
pas été enregistrés, parce que la sage-femme chargée de
la déclaration l'a négligée et même oubliée, et le délai
légal étant expiré, elle n'a pas osé faire cette déclaration
à la mairie, craignant d'être refusée et même d'être
dénoncée.

Cette omission n'a pas fait obstacle à ce que l'enfant
ait été baptisé et qu'on lui ait donné les prénoms que
désiraient les parents, parce que dans quelques villes, et
surtout à Marseille, on ne délivre pas à l'État-civil un bulletin à chaque naissance, et on inscrit ainsi à la paroisse
sur déclaration verbale les enfants présentés au baptême,
quelquefois même avant la déclaration à l'officier de
l'État-civil, à qui d'ailleurs on ne les présente point, con-
trairement à la loi.

Ce defaut d'inscription amène, tôt au tard, de grandes
difficultés, notamment pour le mariage, et ne peut être
reparé, dans certains cas, que par un jugement (voir à la
fin, exemple 1).

Il est fâcheux d'avoir à constater que dans la plupart des grandes villes, et surtout à Marseille, une partie
des déclarations de naissance se fait verbalement et avec
un laisser-aller déplorable. Le déclarant, qui est presque
toujours le père, trouve étonnant qu'on lui demande des
pièces d'État-civil ou autres ; il répond généralement,
qu'il est connu, que ce n'est pas la première fois qu'il
vient faire des déclaration, qu'il n'a jamais présenté de
pièces.

La loi ne l'obligeant pas, comme dans certains pays,
à en fournir, l'officier de l'État civil est forcé bien souvent
de ne pas insister, pour éviter des discussions toujours
pénibles, et il enregistre l'enfant comme il peut, enfin
comme on lui dit, donnant un seul prénom au père qui en
a souvent deux ou trois, et qui, chose incroyable et assez
fréquente pourtant, ne sait pas bien l'orthographe de son

nom, qu'il signe souvent à peu près, mais pas exactement
comme il l'a dit; il en est de même pour les prénoms de la
mère dont le nom de famille est aussi mal orthographié ;
et c'est bien pis quand le déclárant ne sait ni lire ni écrire;
(voir à la fin exemple 2).

Ce n'est souvent que plus tard, quand le garçon tire au
sort ou que la fille se marie, qu'on s'aperçoit de l'erreur
ou de l'omission; on accuse alors l'officier de l'Etat-civil
d'avoir mal écrit la déclaration. Il n'en faut pas moins recourir au notaire, au juge de paix et souvent au tribunal,
pour opérer les rectifications nécessaires et toujours coû-
teuses. Une autre partie des déclarants, présente des pièces,
il est vrai, mais ces pièces sont des lettres de mariage de
l'Eglise, en latin ou en italien, ce qui est aussi la cause de
beaucoup d'erreurs, (voir à la fin exemple 3); car tous les
employés à l'Etat-civil ne connaissent pas ces deux langues;
et s'il y en a quelques-uns qui les traduisent, il y en a un
plus grand nombre qui ne peuvent pas bien les rendre en
français, surtout pour certains prénoms qui offrent beaucoup de différence. Tous ne savent pas, par exemple, qu'en
latin Eligius veut dire en français Eloi ; Xanthes ou Tus-
sanus, Toussaint ; Xaverius, Xavier ; Jacobus, Jacques ;
tandis que Jacob est indéclinable ; Dionysius, Denis ;
Hieronymus, Jérome ; Genovefa, Geneviève ; Barbara,
Barbe ; et qu'en italien Giovanni, c'est en français
Jean ; Biagio, Blaise ; Gennaro, Janvier ; Dionigio,
Denis ; Girolamo ou Geronimo, Jérome ; Natale, Noël ;
Ognisanti ou Santini , Toussaint ; Renato, Réné ;
Rinaldo, Renaud ; Giacomo, Jacques ; Giacobbe, Jacob ;
Lorenzo, Laurent ; Luigi, Louis ; Genoveffa et Barbara
pour les femmes sont comme en latin, Geneviève, Barbe ;
Chiara, Claire ; Bianca, Blanche.

Quant au nom patronymique ou de famille, il est bon
de savoir que son orthographe ne doit jamais changer
dans quelque langue qu'il ait été créé, italien, espagnol,
anglais, allemand, etc., etc. On doit toujours l'écrire de
même, sans quoi il y aurait confusion dans l'état civil de
la personne ; on ne change que les prénoms lesquels doivent toujours être écrits en français, comme tout le reste
de l'acte. (Arrêté du gouvernement en date du 24 prairial an XI, 13 juin 1803).

S'il est arrivé souvent que le changement du nom de
famille s'est fait sans inconvénient, il arrive aussi quelquefois que ce changement amène de grandes difficultés
et exige même l'intervention des tribunaux.

A Marseille, par exemple, où la population se recrute continuellement de tout le midi de la France et surtout de l'Italie, que de noms de famille dérivent de l'italien. Je n'en citerai que quelques-uns, car la liste complète serait trop longue : Amphoux vient d'Anfosso; Blanc, de Bianchi ou de Bianco ; Boyer, de Boeri ou Boero ; Durbec, de Dulbecco ; Fenouil, de Fenoglio ; Jourdan, de Giordano ; Gazan, Imbert, Isnard, de Gazzano, Imberti, et Isnardi ; Mouraille, de Moraglia ; c'est aussi la lettre R qui fournit le contigent le plus grand : il n'y a plus de Rossi, ni de Rosso, mais de Roux ; de Rocca, mais de Roche ou de Roque ; Robaudi et Romano, deviennent bientôt Roubaud et Roman ; Vassallo et Viale, Vassal et Vial, par la propension qu'ont les Italiens de dire leur nom en français; ce changement, je le répète, peut se faire quelque fois sans inconvénient, mais il y a beaucoup de cas où cela occasionne un véritable désagrément.

Le trop grand nombre de prénoms est aussi une cause fréquente d'erreur ou d'omission, et plus souvent d'interversion ; il est prudent d'en donner deux seulement et d'avoir soin de les placer, dans l'ordre le plus agréable à l'oreille quand on les prononcera, car il est fâcheux d'avoir à entendre Jeanne Anne, Noëlie-Rosalie, Catherine-Philippine, ce serait bien plus convenable, si on avait mis ensemble, Anne Catherine, Jéanne Rosalie etc, ou au moins des prénoms de consonnance différente.

Ce qui est encore plus condamnable, c'est de donner au fils exactement les mêmes prénoms qu'au père. Quand l'enfant aura grandi, qu'il restera longtemps ou toujours célibataire, il y aura continuellement confusion de domicile, quelquefois de profession avec le père , l'âge seul formant la différence entre eux : ce qui donne bien souvent de la peine à la famille et toujours aux administrations.

On doit éviter d'appliquer, surtout aux filles, des prénoms comme Maria, Rosa, Antonia, Thérésa, qui doivent être écrits en francais: Marie, Rose, Antoinette, Thérèse et non en latin, ce qui amène souvent plus tard de grandes difficultés. On peut appeler les enfants comme l'on veut en famille, mais les registres ne doivent contenir que des prénoms écrits en francais, comme j'ai déjà dit au sujet des prénoms en langues étrangéres et comme l'on trouvera ci-après dans la loi de Germinal au XI.

Les parents veulent quelquefois donner à leurs enfants des prénoms tirés de l'Histoire contemporaine, ou de

personnes même qui vivent encore, tels que Danton, Lamartine, Gambetta, Thiers, Egalité, Liberté, Patrie.

La loi du onze Germinal an XI le défend, voici cette loi qui est toujours en vigueur. « A compter de la promulgation
« de la présente loi, les noms en usage dans les differents
« calendriers et ceux des personnages connus de l'histoire
« ancienne, pourront *seuls* être reçus, comme prénoms,
« sur les registres de l'Etat-civil déstinés à constater la
« naissance des enfants, il est interdit aux officiers pu-
« blics d'en admettre aucun autre dans la rédaction de
« leurs actes.

Enfin la faute que font le plus fréquemment ceux qui font des déclarations, sans aucune pièce à l'appui, c'est de ne donner au père ou à la mère, et quelquefois à tous les deux, que le prénom habituel sous lequel ils sont connus, sans tenir compte des autres, croyant que ce n'est pas nécessaire de les dire. C'est une grave erreur, qui est la cause de beaucoup d'actes incomplets et défectueux.

Pour que la déclaration soit bien faite, il faut que *tous les prénoms* et *nom du père,* et *tous les prénoms et nom de la mère, soient portés et dans l'ordre qu'ils ont dans leur acte de mariage ou dans leur acte de naissance*

Reconnaissance et Légitimation d'Enfants naturels

La simple déclaration par une sage-femme, un médecin, etc.., etc., de la naissance d'un enfant, né d'un *père inconnu* et d'une mère dont on indique le nom, ne rend pas celle-ci mère légale de l'enfant; il faut pour cela qu'elle le reconnaisse elle-même devant l'officier de l'Etat civil, qui dresse l'acte de reconnaissance en présence de deux témoins.

La reconnaissance peut aussi être faite devant notaire, par le père ou la mère, ou par tous les deux simultanément.

Voici à ce sujet les articles du Code civil.

Art. 331

« Les enfants nés hors mariage, autres que ceux nés
« d'un commerce incestueux ou adultérin, pourront être
« légitimés par le mariage subséquent de leur père et
« mère, lorsque ceux-ci les auront légalement reconnus

« avant leur mariage, ou qu'ils les reconnaîtront dans
« l'acte même de célébration. »

Art. 332

« La légitimation peut avoir lieu même en faveur des
« enfants décédés qui ont laissé des descendants et dans
« ce cas, elle profite à ces descendants. »

Art. 333

« Les enfants légitimés par le mariage subséquent,
« auront les mêmes droits que s'ils étaient nés de ce
« mariage. »

Ainsi, les enfants naturels, reconnus après mariage, ne
peuvent avoir les droits d'enfants légitimes. La reconnaissance d'un enfant naturel peut aussi être faite par le
père avant la naissance de l'enfant (mais pas avant la
conception) et cette reconnaissance se fait ordinairement
devant un notaire, qui en dresse l'acte ; l'expédition
de cet acte peut servir, en l'absence du père, à faire en-
registrer l'enfant sous son nom.

Elle peut aussi être faite devant l'officier de l'Etat-
civil, ou par testament authentique, ou résulter même
d'une décision judiciaire, mais jamais par lettres mis-
sives ou écrit quel qu'il soit, sous seing privé ; l'art. 334
du Code civil est formel et ne laisse aucun doute à ce
sujet.

Art. 334

« La reconnaissance d'un enfant naturel sera faite par
« un acte authentique, lorsqu'elle ne l'aura pas été dans
« son acte de naissance. »

Art. 335

« Cette reconnaissance ne pourra avoir lieu au profit
« des enfants nés d'un commerce incestueux ou adul-
« térin. »

(Voir ci-dessus l'art. 331.)

ADOPTION

Je ne dirai rien de l'adoption, cet acte qui a lieu rarement, étant exclusivement du ressort des tribunaux, et
l'Etat-civil n'ayant qu'à en opérer la transcription sur
ses registres. (voir plus loin, de l'adoption, ce qui est re-
latif au mariage.

MARIAGE

Le mariage est l'acte d'Etat-civil qui donne le plus de peine pour son accomplissement, à cause des nombreuses formalités que la loi exige en beaucoup de cas, et surtout quand les époux ne sont pas nés, ou tous deux domiciliés, dans la commune où se fait la célébration.

La production des actes de naissance des époux et, s'il y a lieu, de ceux de décès des pères et mères et aïeuls, donne souvent occasion à de grandes difficultés et à des retards pour se les procurer; peu de personnes savent le coût exact de ces pièces et quelquefois on oublie de les faire légaliser.

(Voir Expéditions, pour en faire la demande et les recevoir légalisées.)

Quant aux conditions requises et aux formalités à remplir pour le mariage, le public a beaucoup moins à craindre ici de se tromper, n'ayant qu'à accomplir ce qui lui est prescrit par l'officier de l'Etat-civil, guide sûr et même dans certains cas, responsable.

Je n'ai pas cru, néanmoins, inutile de donner quelques brèves indications sur ce qui concerne plus spécialement les futurs époux, fidèle au but que je me suis proposé de répandre la connaissance de l'Etat-civil; je vais donc indiquer en résumé, d'abord, deux formalités indispensables pour tout mariage:

1º LES PUBLICATIONS (1).

2º LA PRODUCTION DES ACTES DE NAISSANCE DES EPOUX, *et s'il y a lieu*, DES ACTES DE DÉCÈS DES PÈRES, MÈRES, AÏEULS, AÏEULES *et pour les Epoux veufs*, DE DÉCÈS DU CONJOINT PRÉDÉCÉDÉ.

Ensuite une troisième formalité qui est indispensable à beaucoup de mariages.

3º LE CONSENTEMENT DES PARENTS.

(1) J'ai suivi ici l'ordre indiqué par le gouvernement, pour la formule de mariage proposée comme modèle, en exécution de l'art. 10 de l'arrêté des consuls du 19 floréal, an VIII (9 mai 1803); c'est aussi la formule suivie à Marseille.

1° LES PUBLICATIONS

CODE CIVIL

ART. 63

« Avant la célébration du mariage, l'officier de l'Etat-
« civil fera deux publications à huit jours d'intervalle, un
« jour de dimanche, devant la porte de la maison commune,
« etc., etc.......

ART. 64

« Un extrait de l'acte de publication sera et restera affi-
« ché à la porte de la maison commune, pendant les huit
« jours d'intervalle de l'une à l'autre publication. Le ma-
« riage ne pourra être célébré avant le troisième jour,
depuis et non compris celui de la seconde publication.

ART. 65

« Si le mariage n'a pas été célébré dans l'année à comp-
« ter de l'expiration du délai des publications, il ne pourra
« plus être célébré qu'après que de nouvelles publications
« auront été faites dans la forme ci-dessus prescrite.

ART. 69

«S'il n'y a point d'opposition, il en sera fait mention
« dans l'acte de mariage, et si les publications ont été fai-
« tes dans plusieurs communes, les parties remettront un
« certificat délivré par l'officier de l'Etat-civil de chaque
« commune, constatant qu'il n'existe point d'opposition.

ART. 166

« Les deux publications ordonnées par l'art. 63, seront
« faites à la municipalité du lieu où chacune des parties
« contractantes aura son domicile.

ART. 167

« Néanmoins, si le domicile actuel n'est établi que par
« six mois de résidence, les publications seront faites, en
« outre, à la municipalité du dernier domicile.

ART. 168

« Si les parties contractantes, ou l'une d'elles, sont,
« relativement au mariage, sous la puissance d'autrui, les
« publications seront encore faites à la municipalité du

« domicile de ceux sous la puissance desquels elles se
« trouvent.

ART. 169

« Il est loisible au chef de l'état, ou aux officiers, qu'il
« préposera à cet effet, de dispenser, pour des causes gra-
« ves, de la seconde publication.

—

Aux termes de l'arrêté du 20 prairial an XI, ces
officiers sont les procureurs de la République. Dans certains cas laissés à l'appréciation de ce magistrat, on
peut obtenir dispense de la seconde publication ;
c'est à lui qu'il faut s'adresser, en lui exposant les motifs
de la demande qui ne peuvent être que graves, comme un
départ prompt et forcé pour l'étranger, une maladie,
dans le cas où l'union des époux est jugée indispensable
à la famille, ou aux enfants déjà nés où à naître ; alors
c'est un mariage *in extremis*.

Cette demande doit être faite sur papier timbré de 60 c.

L'article 168 ci-dessus, indique que si les futurs époux
se trouvent avoir, moins de vingt-cinq ans pour les hommes,
et moins de vingt-un ans pour les filles, les publications
doivent être faites, non-seulement au lieu de leur propre
domicile, mais encore au lieu de domicile de leurs pères
et mères et, en cas de décès de ces derniers, au lieu de
domicile de leurs aïeuls ou aïeules, sous la puissance
desquels ils sont, *relativement au mariage*.

S'il n'y a pas d'ascendants (voir note p. 24) et que les
futurs époux soient majeurs, il n'est besoin que de publications au lieu de leur domicile ; s'ils sont mineurs, c'est
au lieu de domicile de leur tuteur qu'elles se font.

Le certificat constatant qu'il n'y a pas eu d'opposition
est délivré sur papier timbré de 60 cent. par l'officier
du lieu ou ont été faites les publications et sa signature
doit être légalisée, comme un acte ordinaire de l'état
civil, c'est-à-dire, par le juge de paix, ou par le président du tribunal civil, à moins que le mariage ne soit
célébré dans le même arrondissement.

Les publications peuvent se faire sans production de
pièces, souvent une simple note suffit, surtout quand c'est
un maire qui l'a délivrée ; mais il est beaucoup plus
prudent de fournir au moins les actes de naissance, afin
qu'il n'y ait pas lieu à revenir sur des erreurs dans le
régistre et même à de nouvelles publications.

Au reste cela dépend de l'officier de l'Etat civil qui les
fait.

D'après l'art. 64 ci-devant, le mariage ne peut être
célébré que le troisième jour, depuis et non-compris celui
de la seconde publication ; ainsi, il ne peut être célébré au
plutôt que le mercredi suivant et certains maires ne
veulent le célébrer que l'après midi de ce jour, quand
les publications ont été faites à l'heure de midi les
dimanches précédents.

---

2. PRODUCTION des Actes de Naissance des époux, *Et s'il y a lieu* des Actes de décès des pères, mères, aïeuls, aïeules, *et pour les époux veufs* de décès du conjoint prédécédé.

CODE CIVIL

ART. 70.

« L'officier de l'Etat-civil se fera remettre l'acte de
« naissance de chacun des futurs époux. Celui des époux
« qui serait dans l'impossibilité de se le procurer pourra
« le suppléer en rapportant un acte de notoriété délivré
« par le juge de paix du lieu de sa naissance, ou par celui
« de son domicile.

ART. 71.

« L'acte de notoriété contiendra la déclaration faite,
« par sept témoins de l'un ou de l'autre sexe, parents
« ou non parents, des prénoms, nom, profession et domi-
« cile du futur époux et ceux de ses père et mère s'ils sont
« connus, le lieu et autant que possible, l'époque de sa
« naissance et les causes qui empêchent d'en rapporter
« l'acte. Les témoins signeront l'acte de notoriété avec le
« juge de paix, et s'il en est qui ne puissent ou ne sa-
« chent signer, il en sera fait mention.

ART. 72.

« L'acte de notoriété sera présenté au tribunal de pre-
« mière instance du lieu où doit se célébrer le mariage ;
« Le tribunal, après avoir entendu le procureur de la Ré-
« publique, donnera ou refusera son homologation selon
« qu'il trouvera suffisantes ou insuffisantes les déclara-
« tions des témoins et les causes qui empêchent de rap-
« porter l'acte de naissance. »

Ainsi, il faut s'adresser au juge de paix du lieu de naissance ou du lieu de domicile de celui des époux qui n'aurait pas d'acte de naissance, pour y suppléer par un acte de notoriété ; cet acte ne sert que pour le mariage.

Pour la production des actes de décès, des pères, mères, aïeuls et aïeules et pour les époux déjà veufs, celui de l'époux décédé, voir *Demande de pièces* pour le moyen de se le procurer en règle et promptement.

Il s'est trouvé dans la pratique que la production des actes de décès des ascendants (1) donnait souvent lieu, non-seulement à des recherches considérables, mais même à des difficultés insurmontables, par suite de l'ignorance du lieu de leur décès et de leur dernier domicile.

Si la production de ces pièces avait été maintenue indispensable, elle eut empêché la conclusion d'un grand nombre de mariages.

Alors est intervenu un avis du conseil d'Etat, en date du IV thermidor au XIII (23 juillet 1805) qui sert encore de règle aujourd'hui et dont voici le dispositif.

Le Conseil d'Etat.........

Considérant..............

« Est d'avis qu'il n'est pas nécessaire de produire les
« actes de décès des pères et mères des futurs mariés lors-
« que les aïeuls ou aïeules attestent ce décès ; et dans ce
« cas, il doit être fait mention de leur attestation dans
« l'acte de mariage.

« Que si les pères, mères, aïeuls ou aïeules, dont le con-
« sentement ou conseil est requis, sont décédés et si l'on
« est dans l'impossibilité de produire l'acte de leur décès,
« ou la preuve de leur absence, faute de connaître leur
« dernier domicile, il peut être procédé à la célébration
« du mariage des majeurs, sur leur déclaration à ser-
« ment, que le lieu du décès et celui du dernier domicile
« de leurs ascendants leur sont inconnus.

« Cette déclaration doit être certifiée aussi par ser-
« ment des quatre témoins de l'acte de mariage, lesquels
« affirment que, quoiqu'ils connaissent les futurs époux,
« ils ignorent le lieu de décès de leurs ascendants et
« leur dernier domicile.

« Les officiers de l'État-civil doivent faire mention,
« dans l'acte de mariage, des dites déclarations. »

---

(1) Les ascendants sont, les père et mère, aïeuls, bis-aïeuls, etc.

3. CONSENTEMENT DES PARENTS

Le consentement des parents se donne de vive voix en assistant à la célébration du mariage, ou par acte authentique, c'est-à-dire passé devant notaire, dont la signature doit être, suivant le cas, légalisée.

Et pour les mineurs sans ascendants, par délibération du conseil de famille. Pour les mineurs enfants naturels. (voir ci après article 159 et la suite).

Les majeurs de vingt-un ans, sans ascendants, n'ont pas besoin de consentement.

CODE CIVIL

ART. 73

« L'acte authentique du consentement des père et mère
« ou aïeuls et aïeules, ou, à leur défaut, de celui de la
« famille, comprendra les prénoms, nom, profession et
« domicile du futur époux et de tous ceux qui auront
« concouru à l'acte, ainsi que leur degré de parenté.

ART. 148

« Le fils qui n'a pas atteint l'âge de vingt-cinq ans ac-
« complis, la fille qui n'a pas atteint l'âge de vingt-un
« ans accomplis, ne peuvent contracter mariage sans le
« consentement de leurs père et mère ; en cas de dissen-
« timent le consentement du père suffit.

ART. 150

« Si le père et la mère sont morts, ou s'ils sont dans
« l'impossibilité de manifester leur volonté, les aïeuls et
« aïeules les remplacent ; s'il y a dissentiment entre
« l'aïeul et l'aïeule de la même ligne, il suffit du con-
« sentement de l'aïeul.

« S'il y a dissentiment entre les deux lignes, ce par-
« tage emportera consentement. »

Après l'âge fixé ci-dessus pour les époux, quand les pa-

rents ne veulent pas donner leur consentement, la loi y
a pourvu par les articles suivants.

ART. 151

« Les enfants de famille ayant atteint la majorité fixée
« par l'art. 148 sont tenus, avant de contracter mariage,
« de demander par un acte respectueux et formel, le con-
« seil de leur père et de leur mère ou celui de leurs aïeuls
« ou aïeules, lorsque leur père et leur mère sont décédés,
« ou dans l'impossibilité de manifester leur volonté.

ART. 152

« Depuis la majorité fixée par l'art. 148, jusqu'à l'âge
« de trente ans accomplis pour les fils, et de vingt-cinq
« an accomplis pour les filles, l'acte respectueux prescrit
« par l'art. précédent et sur lequel il n'y aurait pas de
« consentement au mariage, sera renouvelé deux autres
« fois, de mois en mois et un mois après le troisième acte, il
« pourra être passé outre à la célébration du mariage.

ART. 153

« Après l'âge de trente ans (il faut y comprendre et
« de vingt-cinq ans pour les filles) il pourra être, à défaut
« de consentement, sur un acte respectueux, passé
« outre, un mois après, à la célébration du mariage.

De manière qu'à tout âge le consentement ou le conseil
des ascendants, s'il y en a, doit être demandé.

ART. 154

« L'acte respectueux sera notifié à celui ou à ceux
« des ascendants désignés en l'art 151 par deux notaires,
« ou par un notaire et deux temoins, et, dans le procès-
« verbal qui doit en être dressé, il sera fait mention de
« la réponse.

ART. 158

« Les dispositions contenues aux articles 148, 149, et
« les dispositions des articles 151, 152, 153, 154 et 155,
« rélatives à l'acte respectueux qui doit être fait aux
« père et mère dans les cas prévus par ces articles, sont
« applicables aux enfants naturels légalement reconnus.

Art. 159

« L'enfant naturel qui n'a point été reconnu et celui
« qui après l'avoir été, a perdu ses père et mère, ou dont
« les père et mère ne pourront manifester leur volonté, ne
« pourra, avant l'âge de vingt-un ans révolus, se ma-
« rier qu'après avoir obtenu le consentement d'un tuteur
« *ad hoc* qui lui sera nommé. »

Cet article ne prescrit pas aux enfants naturels reconnus, de demander le consentement de leurs aïeuls et
aïeules, par ce que la loi ne leur en reconnaît point, mais
seulement d'un tuteur *ad hoc* qui leur sera nommé (*ad hoc*
veut dire *pour cela*).

Cette nomination appartient au juge de paix, assisté
d'un conseil de famille, composé de parents, ou, à défaut, de
personnes ayant eu des relations avec eux ou, avec le
mineur.

Les enfants des hospices ne peuvent aussi se marier
avant vingt-un ans, sans le consentement de la commis-
sion administrative de ces hospices.

L'art. suivant concerne les mineurs, enfants légitimes.

Art. 160

« S'il n'y a ni père, ni mère, ni aïeuls ni aïeules, ou, s'ils
« se trouvent tous dans l'impossibilité de manifester
« leur volonté, les fils ou filles mineurs de vingt-un ans,
« ne peuvent contracter mariage sans le consentement
« du conseil de famille.

Ce consentement résulte d'une délibération du conseil
de famille tenu sous la présidence du juge de paix : un
extrait de cette délibération est joint aux autres pièces
du mariage.

Les enfants adoptifs sont obligés, pour le mariage, de
demander le consentement ou conseil de leurs parents
naturels.

Autorisation ou permission.

Dans certains cas, la permission de contracter mariage
est indispensable, c'est pour les militaires de tous grades
marins du recrutement et gendarmes, ainsi que pour

certains fonctionnaires de la marine, ou militaires et même civils.

Ce sont, les ministres, les généraux. et les conseils d'administrations des corps auxquels ils appartiennent, qui délivrent la permission de mariage sur papier libre.

—

Il faut toujours justifier qu'on a satisfait à la loi sur le recrutement militaire, mais jusqu'à trente ans seulement, passé cet âge il n'est plus nécessaire.

4° PROHIBITIONS

Prohibition résultant de l'âge

CODE CIVIL

ART. 144

« L'homme avant dix huit ans révolus, la femme avant
« quinze ans révolus, ne peuvent contracter mariage.

ART. 145.

« Néanmoins, il est loisible au chef de l'Etat d'accorder
« les dispenses d'âge pour des motifs graves.

Prohibition résultant de la Parenté.

ART. 161

« En ligne directe, le mariage est prohibé entre tous
« les ascendants et descendants légitimes ou naturels, et
« les alliés dans la même ligne.

ART. 162

« En ligne collatérale, le mariage est prohibé entre le
« frère et la sœur légitimes ou naturels, et les alliés au
« même degré.

ART. 163

« Le mariage est encore prohibé entre l'oncle et la
« nièce, la tante et le neveu.

ART. 164

« Néanmoins il est loisible au chef de l'Etat de lever,
« pour des causes graves, les prohibitions portées par
« l'art 162 aux mariages entre beaux-frères et belles-
« sœurs, et par l'art 163 aux mariages entre l'oncle et la
« nièce la tante et le neveu.

———

Les dispenses d'âge ou de parenté s'obtiennent au moyen
d'une pétition ou supplique adressée au chef de l'Etat. Cette
pétition sur papier timbré, et sur papier libre pour les
indigents, doit être signée par les futurs époux, par
leurs pères et mères, ou autres ascendants dont le consentement est nécessaire pour le mariage; ou y joint
les actes de naissance des futurs époux, légalisés par
le juge de paix ou le président du tribunal civil.

Pour les dispenses de parenté entre beau-frère et belle-
sœur, on y joint, en outre, l'acte de décès de l'époux qui
produisait l'alliance et les actes de naissance des enfants
qu'il a laissés ; et si c'est pour dispense entre l'oncle et la
nièce, grand-oncle et petite-nièce et réciproquement, on y
joint encore les actes de naissance ou de mariage qui produisent la parenté, et tous certificats ou pièces qui peuvent servir à faire accorder la demande.

Le tout est soumis au Maire de la commune où doit se
célébrer le mariage, lequel en dresse un procès-verbal qu'il
fait signer par toutes les parties intéressées, où mention
est faite de la cause qui les empêche de signer et le dossier
contenant toutes les pièces est adressé par lui au procureur de la République de l'arrondissement; ce magistrat,
après avoir pris les renseignements nécessaires, le transmet, avec son avis, par voie hiérarchique, au ministre
de la justice.

Les droits à payer pour dispense d'âge sont de 180 fr.,
et pour dispense de parenté ou d'alliance de 302 fr.

Ils peuvent être remis en entier, ou en partie, suivant
la position de fortune des impétrants, laquelle doit être
établie sur ces pièces justificatives.

Prohibition résultant du veuvage.

Il y a enfin la prohibition temporaire pour les femmes
veuves.

CODE CIVIL

ART. 228

« La femme ne peut contracter un nouveau mariage
« que dix mois révolus depuis le dissolution du mariage
« précédent. »

———

Cet empêchement etant absolu, il n'y a pas lieu à dispense et l'officier de l'Etat-civil qui prononcerait le mariage serait puni. (1)

———

5° CÉLÉBRATION DU MARIAGE

———

Les époux doivent, à la célébration, être assistés de leurs pères et mères ou autres ascendants ou tuteurs, dont le consentement verbal est nécessaire au mariage, et de quatre témoins.

De quatre témoins seulement, s'ils n'ont pas d'ascendants, ou si les ascendants ont donné leur consentement devant notaire, ou s'il leur a été fait des actes respectueux, ou s'ils ont été déclarés absents ou hors d'état de manifester leur volonté, ou enfin si, étant mineurs, sans ascendants, les époux ont le consentement du conseil de famille·

CODE CIVIL

ART. 165

« Le mariage sera célébré publiquement devant l'officier civil du domicile de l'une des deux parties. »

(1) *Remarque.* — Il y a encore une autre prohibition, mais qui s'applique rarement.
C'est celle qui résulte de l'adoption. Code civil, art. 348. — L'adopté restera dans sa famille naturelle et y conservera tous ses droits. Néaumoins, le mariage est prohibé entre l'adoptant l'adopté et ses descendants ; entre les enfants adoptifs du même individu ; entre l'adopté et les enfants qui pourraient survenir à l'adoptant ; entre l'adopté et le conjoint de l'adoptant et réciproquement entre l'adoptant et le conjoint de l'adopté.

Avant la célébration, l'officier de l'Etat-civil lit aux futurs époux les art. suivants du Code civil.

TITRE V. — CHAPITRE VI.

Des droits et des devoirs respectifs des époux.

ART. 212

« Les époux se doivent mutuellement fidélité, secours, « assistance.

ART. 213

« Le mari doit protection à sa femme, la femme obéis- « sance à son mari.

ART: 214

« La femme est obligée d'habiter avec le mari et de le « suivre partout où il juge à propos de résider. Le mari « est obligé de la recevoir et de lui fournir tout ce qui « est nécessaire pour les besoins de la vie, selon ses facul- « tés et son état.

ART. 226

« La femme peut tester sans l'autorisation de son mari.

DÉCÈS

DEUX TÉMOINS DÉCLARANTS, MAJEURS

(sachant signer ou non)

CODE CIVIL

ART. 78

« L'acte de décès sera dressé par l'officier de l'État- « civil, sur la déclaration de deux témoins.
« Ces témoins seront, s'il est possible, les deux plus pro-

« ches parents, ou, voisins ou lorsque une personne sera
« décédée hors de son domicile, la personne chez laquelle
« elle sera décédée, et un parent ou autre.

ART. 79

« L'acte de décès contiendra les prénoms, nom, âge,
« profession, et domicile de la personne décédée ; les pré-
« noms, et nom de l'autre époux, si la personne décédée
« était mariée ou veuve ; les prénoms, nom, âge, profes-
« sion et domicile des déclarants, et, s'ils sont parents,
« leur degré de parenté.
    « Le même acte contiendra de plus, autant qu'on pourra
« le savoir, les prénoms nom, âge, profession et domicile
« des père et mère du décédé et le lieu de sa naissance. »

S'il est permis de dire, que la connaissance de l'Etat-
civil est peu répandue dans le public, c'est surtout en ce
qui concerne les déclarations de décès, car il se présente
fréquemment à Marseille, trois témoins au lieu de deux
seulement qui sont nécessaires pour cette déclaration ;
ils n'ont souvent d'autres pièces que le certificat de décès
délivré par le medecin ; se bornant à dire que si l'on n'a
pas apporté d'autre papiers c'est que le décédé était connu
de tout le quartier, qu'il était du coté des Alpes, par exemple, qu'il était veuf, mais que les noms de sa femme ne
sont pas nécessaires puisqu'elle est morte dépuis longtemps. Enfin beaucoup de choses inutiles, mais pour ce
qui est de rigueur, indispensable, ils n'en savent rien ou
presque rien : ajoutez à cela que le nom de famille du
décédé, écrit par le médecin, est souvent mal orthographié et que le certificat ne contient pas tous ses prénoms.
    On est donc forcé de renvoyer ces déclarants à la
maison mortuaire prendre des renseignements des parents
ou des voisins et apporter, s'il est possible, des pièces
authentiques, pouvant établir l'état civil de la personne
décédée ; mais il est très-rare de les voir revenir avec
un extrait de l'acte civil de mariage, presque toujours ils
n'ont que des lettres de mariage de l'église en latin, ce
qui, comme je l'ai dit au sujet des naissances, est une
source d'erreurs et de difficultés, les prénoms se trouvant à la paroisse, par la faute des parents, souvent différents, quant au nombre surtout, de ceux de la mairie.

On ne trouve pas toujours, aussi, des déclarants disposés à bien faire, dans l'intérêt de la famille, et l'on dresse l'acte de décès comme l'on peut, sauf à l'époux survivant, ou aux enfants, quand ils viendront plus tard retirer une expédition de cet acte, de trouver qu'on a omis un prénom ou deux au décédé, qu'on a mal écrit son nom de famille et quelquefois il en est ainsi pour le conjoint.

Le double régistre se trouvant déposé au greffe du tribunal civil, il devient impossible d'y apporter la moindre modification par un renvoi. Dailleurs, une fois l'acte signé, la loi défend d'y rien changer, il faut alors recourir au tribunal civil. Voir à la fin, exemple 4.

En présence de ces suites, il est incontestable qu'il vaut mieux prendre un peu de peine et perdre une heure ou deux pour faire les recherches nécessaires, afin d'éviter plus tard à la famille de l'ennui et des dépenses. Voir à la fin, exemple 5.

Une des causes les plus fréquentes d'erreur ou d'omission dans les déclarations de décès, c'est l'usage de ne dire que le prénom habituel du décédé, celui sous lequel il était connu, car pour les autres prénoms, surtout s'il y en a plusieurs, les déclarants et souvent les plus proches parents ne les savent pas. C'est une grave faute, la déclaration de décès doit être, quant à l'ordre et au nombre des prénoms, la même que ce qu'elle a été pour la naissance ou pour le mariage, si la personne décédée était mariée. Une autre omission a souvent lieu, qui est encore plus grave, c'est quand la personne décédée a été mariée plusieurs fois et qu'on ne déclare pas tous ses conjoints, mais seulement le dernier ou les deux derniers, tandis qu'il y en a trois et même quatre (cela arrive quelquefois) s'il y a des enfants de plusieurs lits, quand ils viennent retirer l'acte de décès, le nom de leur père ou de leur mère, suivant le cas, n'y est pas indiqué.
Ce n'est que par un jugement du tribunal, qu'il peut être supléé à cette omission. Voir à la fin exemple 6.

Il est certain que c'est dans cette partie de l'État-civil, c'est-à-dire, dans les déclarations de décès, qu'il se commet le plus de fautes, l'expérience l'a prouvé depuis longtemps. Les tableaux de recensement des jeunes gens qui tirent au sort, fournissent toutes les années cette preuve et c'est en établissant les pièces à l'appui de leur réclamations devant le conseil de révision, que l'on voit clairement le résultat de la négligence que l'on met, presque partout, à faire des déclarations exactes; une bonne moitié et souvent plus des deux tiers des actes de décès des pères et mères, ne concordent pas avec leur acte de mariage, ni avec l'acte de naissance du réclamant.

Ce n'est que par des actes rectificatifs, bons pour cette occasion, qu'on peut remédier à cet inconvénient; et bien que le Maire puisse opérer ces rectifications sur papier libre et sans frais, il n'en faut pas moins faire présenter trois témoins, pour faire leur déposition et la signer.

C'est toujours un grand dérangement et quelquefois des dépenses, surtout dans les grandes villes, pour les ouvriers et gens de travail, qui perdent leur journée et la font perdre aux autres.

Enfin, il faut espérer qu'avec l'usage des livrets, qui se répand aujourd'hui et surtout avec les renseignements qu'on trouvera dans celui-ci, toutes ces erreurs disparaîtront à l'avenir et que pour une modique somme, on ne voudra pas se priver de l'avantage de pouvoir faire à l'Etat-civil des déclarations en bonne forme et sans retard, prévenant ainsi l'intervention des tribunaux.

Outre cela, on aura l'agrément de pouvoir consulter chez soi un tel document, au besoin, et de bien connaître les noms et prénoms de ses devanciers et de tous les membres de la famille, car si je ne me trompe, les personnes mariées s'empresseront, dans leur intérêt et dans celui de leurs enfants, d'adopter cette idée et ne manqueront pas des se mettre en règle. Fussent-elles mariées depuis longtemps, ce n'est pas un obstacle à la confection d'un livret et je dirai même d'un *livre de famille*, dont le livret peut fournir les éléments. Ce livre passerait de génération en génération, et l'on pourrait, à l'aide des indications fournies par les livrets d'Etat-civil, en former comme un dépôt où l'on puiserait au besoin les renseignements les plus précieux, pouvant assurer dans l'occasion le repos de la famille et quelquefois ses intérêts, tout en économisant les dépenses considérables et les retards qui sont occasionnés par les recherches dans les archives de l'Etat-civil, quand les actes sont anciens, recherches qui restent souvent infructueuses, faute de données certaines sur l'état civil d'un parent, par exemple, qui aura élu domicile à l'étranger et y sera mort, laissant une fortune, qui est allée se perdre dans ce gouffre sans fonds qu'on appelle le trésor public, tandis que les héritiers directs sont quelquefois morts dans le besoin.

DÉCÈS D'ENFANTS NÉS MORTS, OU MORTS AVANT

LA DÉCLARATION DE NAISSANCE

—

(Décret du 4 juillet 1806)

ART. 1er

L'orsque le cadavre d'un enfant dont la naissance n'a pas été enregistrée sera présenté à l'officier de l'État-civil, cet officier n'exprimera pas que tel enfant est décédé, mais seulement qu'il lui a été présenté sans vie. Il recevra de plus la déclaration des témoins, touchant les noms, prénoms, qualités et demeure des père et mère de l'enfant, la désignation des an, jour et heure auxquels l'enfant est sorti du sein de sa mère.

ART. 2me

Cet acte sera inscrit à sa date, sur les registres des décédés, sans qu'il'en résulte aucun préjugé sur la question de savoir si l'enfant a eu vie ou non.

—

Au termes de ce décret, l'officier de lÉtat-civil n'a pas à exprimer dans l'acte, si l'enfant a vecu ou non, on le lui présente mort, c'est tout ce qu'il a à constater.

Si l'enfant est né mort il n'en peut résulter, du fait propre, aucun dommage pour personne ; il en est ordinairement de même, si l'enfant a vécu quelques heures et même un jour ou deux, et que les père et mère lui survivent. Mais s'il a vécu quelques instants, ou quelques heures et que la mère vienne aussi à mourir un peu après l'accouchement, il peut y avoir en jeu des intérêts très-graves, pour le droit à la succession, suivant que l'enfant est mort avant, ou après la mère.

C'est aux parties intéressées à prendre, dans ce cas, des mesures pour sauvegarder leurs droits et de pouvoir fournir, au besoin, des preuves certaines de la vérité des faits, soit par témoins, soit par tout autre moyens à leur disposition.

Les indications que pourrait fournir l'acte de décès de l'enfant, en supposant que l'officier de l'État-civil qui l'aurait reçu, eût méconnu, la lettre et l'esprit du

Décret de 1806, ne seraient pas des preuves suffisantes pour garantir ces droits, tous les actes de l'Etat-civil étant sujets à inscription de faux dans leur contenu.

TRANSCRIPTIONS.

Les registres des transcriptions contiennent, ainsi que le mot l'indique, la copie authentique d'actes de l'Etat-civil déjà dressés autre part, ou dont l'inscription ou la rectification ont été ordonnées par jugement.

Excepté le cas porté en l'art 171 du code civil, les particuliers paraissent n'avoir aucun droit de faire transcrire eux-mêmes les actes de l'Etat-civil.

Code Civil.

Art 171.

« Dans les trois mois après le retour du français sur le « territoire de la République, l'acte de célébration du ma- « riage contracté en pays étranger sera transcrit sur les « registres publics des mariages du lieu de son domicile.»

Mais la loi a permis et même ordonné que beaucoup d'autres actes soient transcrits et elle a chargé les fonctionnaires qui les ont dressés, de les transmettre à l'officier de l'Etat-civil qui doit opérer la transcription. Cet officier est, pour les naissances, celui du lieu du dernier domicile du père en France, et, pour les décès, celui du dernier domicile du décédé, ou, à défaut, celui du lieu de sa naissance.

Ce sont les actes de naissance et de décès sur mer ou dans les lazarets, les actes de décès survenus dans les hôpitaux, prisons et autres maisons publiques, tant en France qu'à l'étranger, tous les actes de l'Etat-civil reçus aux armées, les procès-verbaux d'exposition d'enfants dans les hospices et autre part, adoptions, etc, etc, tous les actes dont l'inscription ou la rectification est ordonnée par jugement des tribunaux. Dans ce dernier cas, la mention du jugement est, en outre, inscrite en marge de l'acte réformé, afin qu'on ne puisse plus en délivrer d'expéditions qu'avec les rectifications ordonnées

J'ai dit que la transcription à la demande des particuliers ne paraissait pas devoir être admise ; la loi ne leur donne de droit formel que pour l'acte de mariage, mais la non-transcription, dans les trois mois n'annulle pas le mariage et les droits qu'il donne restent les mêmes.

D'où l'on peut conclure, que si la loi n'a pas parlé des autres actes de l'état-civil, c'est qu'elle n'en défend pas la transcription et ne la prescrit pas non plus, puisque ce n'est pas une obligation stricte à l'égard du mariage, mais une simple formalité dans l'intérêt des parties.

Il y a des auteurs qui ont écrit pour, d'autres contre, des maires qui l'acceptent et d'autres qui la refusent ; la question n'est donc pas complètement vidée dans la pratique.

Si la transcription sur la simple demande des intéressés paraît avoir des inconvénients, on peut dire aussi qu'ils s'y trouve pour eux un grand avantage ; car la simple expédition d'un acte peut s'égarer et même se soustraire dans les familles, tandis que l'acte, une fois transcrit, ne peut plus se perdre, étant sur deux registres publics, déposés, l'un à la Mairie, l'autre, au Greffe du Tribunal civil, d'où l'on peut en tirer, des extraits à volonté au lieu que s'il faut les demander à l'étranger ou aux colonies, c'est toujours bien long et bien couteux, surtout quand il faut le visa de M. le ministre des affaires étrangères, ou celui de M. le ministre de la marine à Paris, où il faut envoyer la pièce.

Il est à désirer que la voie dans laquelle sont entrés les gouvernements Français, Italien, Belge et Luxembourgeois, de se transmettre réciproquement à chaque semestre, les actes d'État-civil de leurs sujets respectifs (1), soit suivie par les autres gouvernements et que les difficultés pour se procurer à l'étranger les pièces nécessaires disparaissent entièrement. Chacun pouvant ainsi les trouver à l'avenir dans le lieu de son domicile ou à celui de sa naissance, ou dans certaines mairies en France, indiquées publiquement, pour ceux des décédés, dont le domicile et le lieu de naissance seraient inconnus.

V note p 53

(1) C'est-à-dire que le gouvernement français transmet à ces gouvernements, tous les actes de l'état-civil reçus en France pendant le semestre, qui concernent leurs nationaux y résidant, ou s'y trouvant de passage ; eux, à leur tour, transmettent au gouvernement français tous les actes d'état civil de ses sujets résidant ou se trouvant de passage sur leur territoire.

EXPÉDITIONS OU EXTRAITS

On appelle expédition la copie d'un acte de l'État-civil que l'on extrait des régistre, voilà pourquoi on l'appelle aussi extrait.

Quand il devient nécessaire qu'un acte soit représenté devant l'autorité judiciaire, comme pour un procès civil, ou devant l'autorité administrative comme pour un mariage, ou pour une inscription sur le tableau de recrutement des jeunes gens, on comprend bien qu'on ne peut pas porter le registre et dès lors, on en fournit un extrait authentique, c'est-à-dire, signé par le maire ou par le greffier du tribunal civil, lesquels sont dépositaires des registres.

CODE CIVIL

ART. 45

« Toute personne pourra se faire délivrer par les dépo-
« sitaires des registres de l'État-civil, des extraits de ces
« régistres. Les extraits délivrés conformes aux registres
« et légalisés (1) par le président du tribunal de 1re instance,

(1) Légaliser, c'est certifier que la signature apposée au bas d'une pièce quelconque, est bien celle du fonctionnaire qui avait qualité pour la délivrer ; cette formalité, comme on voit, est remplie par le président du tribunal civil, ou par le juge qui le remplace. Pour faciliter les communes éloignées du chef lieu d'arrondissement, on a fait la loi du 2 mai 1861, qui donne, en outre, le droit aux juges de paix, ne siégeant pas au chef-lieu du ressort du tribunal, de légaliser, concurremment avec le président, les signatures des officiers de l'Etat-civil et des notaires de leur canton. A cet effet, ces officiers et ces notaires, sont tenus de déposer leurs signatures aux greffes de la justice de paix et du tribunal civil, afin qu'on puisse, au besoin, les vérifier.

Cette mesure, d'exiger deux signatures, au lieu d'une seule, quand l'acte doit servir *hors* de l'arrondissement, est prise pour donner plus de garantie de l'authenticité des pièces qui, sans cela, pourraient être contrefaites plus facilement.

Elle n'est pas nécessaire si la pièce soit servir *dans* l'arrondissement où elle a été délivrée, parce qu'on y connaît les signatures.

« ou par le juge qui le remplacera, feront foi jusqu'à
« inscription de faux.

———

Ces extraits sont soumis à des droits différents suivant
la nature des actes et la population des communes comme l'indique le tableau suivant:

ACTES	COMMUNES au-dessous de 50,000 habit.		au-dessus de 50,000 habit.		A PARIS (a)	
	F.	C.	F.	C.	F.	C.
Naissance (1)						
Publications de mariage		30		50		75
Décès						
Adoption Mariage		60	1		1	50
(a) A Paris, transitoirement, un droit fixe de fr. 1, 20 c. perçu sur chaque acte de l'Etat-Civil. (Loi du 5 juin 1875) .... à					1	20

———

Outre ce droit, il faut rembourser le prix du timbre
1, 80ᵉ, ajouter pour la légalisation 0, 25ᵉ (si elle est nécessaire, voyez page 42) et pour frais de poste 0, 25ᵉ.
voyez page 42
Ce qui se résume comme suit :

(1) Les actes de naissance qui portent mention de reconnaissance sont, en outre, soumis à un droit d'enregistrement
de 9. 38 c., pour la première expédition seulement, et ceux qui
portent mention de *légitimation* au droit de 3. 75 c.
Beaucoup de maires lesdelivrent sans enregistrement et par
conséquent sans autres droits que ceux indiqués sur le tableau.

Communes au-dessous de 50,000 habitants

	F.	C.
Acte de naissance ou de décès........	»	30
Publication du mariage (1)		
Timbre...............	1	80
Légalisation (2)	»	25
Retour par la poste.....	»	25
Ensemble....	2	60
Acte de mariage ou d'adoption, ajouter....	»	30
Total.......	2	90

Communes au-dessus de 50,000 habitants

Acte de naissance ou de décès...........	»	50
Timbre	1	80
Légalisation (2)	»	25
Retour par la poste......	»	25
Ensemble...	2	80
Acte de mariage on d'adoption, ajouter....	»	50
Total.......	3	30

A Paris

Acte de naissance ou de décès...........	»	75
Timbre...............	1	80
Légalisation (2)	»	25
Retour par la poste.....	»	25
Droit transitoire de 1, 20 c. par acte......	1	20
Ensemble...	4	25
Acte de mariage ou d'adoption, ajouter....	»	75
Total.......	5	»

(1) On ne demande ordinairement qu'un certificat de publications, pour lequel on ne fait rien payer dans la plupart des
communes ; c'est alors : Timbre.................fr. » 60
Légalisation (2) .. » 25
Retour par la poste................ » 25
Total.... 1 10
(2) Supprimer 0, 25 si la légalisation n'est pas nécessaire.

Le tableau ci-contre ne s'applique qu'à une seule expédition légalisée, qu'on peut demander, si on veut l'avoir plus tôt, au Greffier du tribunal civil de l'arrondissement dans lequel se trouve la commune.

Si on la demande au Maire, on peut éprouver du retard, à cause de la légalisation, surtout si la commune n'est pas chef-lieu d'arrondissement ou de canton, et que l'accomplissement de cette formalité, exige l'envoi de la pièce au Président du Tribunal civil, ou au juge de paix, ce qui prend souvent deux ou trois jours de plus.

Ainsi, la demande faite au Greffier est préférable par ce que tout étant sur place, on est servi plus rapidement ; à moins que la légalisation ne soit pas nécessaire ; dans ce cas, le maire peut envoyer la pièce tout aussi promptement (1)

Reste encore le cas où l'on demanderait, d'un seul coup, plusieurs expéditions. On doit alors envoyer autant de fois la somme indiquée, que ce que l'on demande d'extraits, sauf les frais de poste qui, réunis, sont un peu moindres ; c'est au demandeur à les apprécier et il doit mettre toujours un peu plus qu'un peu moins, car il est arrivé souvent que pour 30 ou 40 centimes qui manquent, on est forcé d'attendre huit jours de plus, avant que tout soit fini.

Le même retard peut avoir lieu, si l'on envoie le payement en timbres-poste, que le Maire et le Greffier ne sont pas obligés d'accepter, surtout dans les grandes villes, où on les refuse quelquefois à cause de l'énorme quantité qu'on en reçoit et dont on n'a pas l'écoulement sans des pertes relativement considérables; on doit donc, dans ce cas, mettre aussi 20 ou 30 centimes de plus.

Le moyen le plus sûr, quand il est à portée, c'est d'envoyer la somme exacte en un mandat sur la poste.

(1) Il y a ici une observation très-importante à faire. Les doubles registres n'étant déposés au Greffe du tribunal civil qu'au commencement de l'année qui suit celle où les actes ont été reçus, on ne peut en demander des extraits qu'au Maire, tant que trois ou quatre mois de l'année suivante ne sont pas écoulés : ainsi pour les actes de 1877, on ne doit les demander au Greffier, que vers le milieu de l'année 1878 ; si le Greffe surtout est celui d'une grande ville où l'étendue de l'Etat civil ne permet pas à la Mairie d'opérer aussi rapidement que dans les petites communes, la vérification et le collationnement des régistres, avant leur dépôt au greffe.

Toutes les pièces pour mariage doivent être sur timbre, excepté les permissions pour militaires et marins du recrutement, certificats des ambassadeurs ou chargés d'affaires, certificats d'origine ou de consentement des hospices, certificats de contrat de mariage.

Celles pour mariage d'indigents sont visées, gratis pour timbre. (Loi du 10 décembre 1850.) L'indigence doit être constatée.

Les pièces délivrées en France et en Algérie, dans un arrondissement autre que celui où se célèbre le mariage, doivent être légalisées par le Président du tribunal civil ou par le juge de paix du canton; celles délivrées dans les colonies françaises, doivent être visées, en dernier lieu, par le Ministre de la Marine.

Les pièces venant de l'étranger doivent contenir les visas et légalisations nécessaires pour leur authenticité et être traduites, en outre, par un interprète juré, si elles sont en langue étrangère.

Toutes les pièces sont, après le mariage, annexées au double régistre et déposées au commencement de l'année suivante, au greffe du tribunal civil de l'arrondissement, où l'on peut en demander des copies authentiques qui servent pour un second mariage, ou pour toute autre destination. Voir modèle de demande n° 7.

Les Greffiers des tribunaux civils délivrent encore des expéditions sur papier libre, avec légalisation, pour la caisse de retraites pour la vieillesse et pour engagement au service militaire de terre ou de mer; mais ils font payer quelquefois le droit des communes et la légalisation. (*Sur papier libre c'est sans frais de timbre*).

En bonne règle, ce sont les Préfets et les sous-Préfets qui légalisent ces dernières pièces, gratuitement.

Les Maires délivrent aussi ces pièces; mais il n'y a aucune règle fixe, pour les droits des communes à payer, cela dépend des Mairies, et pour la légalisation, des greffiers des justices de paix et des tribunaux civils; cependant, en règle générale, tout ce qui est pour le service militaire ne coûte rien, mais les pièces viennent par voie administrative; elles éprouvent souvent un long retard, surtout quand la légalisation ne peut pas se donner sur place

En affranchissant la lettre de demande et mettant un timbre-poste pour le retour, on reçoit plus tôt, et directement par la poste, à moins que la pièce n'exige d'être remise officiellement,

La destination des pièces sur papier libre doit être indiquée sur les pièces même, et elles ne peuvent servir que pour cet objet : la demande doit donc porter cette indication ; et de plus, au lieu de dire *sur timbre* on dit *sur papier libre pour le service militaire, pour la caisse de retraites pour la vieillesse, etc., etc*. L'on n'envoie alors aucune somme pour frais de timbre ; ni pour droit et légalisation, à moins qu'on ne réclame ces derniers et l'on met toujours un timbre poste pour le retour *franco*.

—

Les Maires délivrent, en outre, de petites *notes*, sur papier libre, des actes de l'état civil et sous leur seule signature, sans légalisation, souvent même sous la signature du secrétaire communal, ou d'un employé dans les grandes villes ; ces notes ne servent ordinairement que de renseignements, n'ayant aucun caractère légal, mais ces renseignements sont quelquefois précieux, ils indiquent la date des actes dont il s'agit, ainsi que les prénoms et nom des personnes que ces notes concernent et qui sont comme des actes en abrégé ; on peut en faire usage, dans une foule de cas, tels que publications de mariage, déclarations de naissance et de décès, inscription des jeunes gens sur le tableau de recensement pour le tirage au sort, envoi des enfants à l'école etc, etc.

Pour se procurer ces notes, qui se délivrent gratuitement on n'a qu'a en faire la demande comme l'indique ci-après le modèle n° 9.

MODÈLES DE DEMANDES DE PIÈCES

Modèle N° 1

Demande d'un acte de naissance au Maire

(Lieu et date)

Marseille, le 4 février 1878

Monsieur le Maire,

J'ai l'honneur de vous prier de vouloir bien me déli-vrer une expédition sur timbre de l'acte de naissance de Maurel, Pierre Joseph, fils de Jacques Léon Maurel et de Marguerite Bremond, né dans votre commune le .... *indiquer au moins l'année; le mois et le jour, si c'est possible....,*..............................

La légalisation de votre signature étant indispensable je me permets de m'adresser à votre obligeance pour que cette formalité soit remplie (1).

Vous trouverez ci-joint un mandat de poste de..... (voir au tableau page 40) (ou ..... en timbres-poste (voir page 41) pour vous couvrir de vos frais et débours, et envoi franco de la pièce que je désire recevoir au plus tôt possible.

Veuillez agréer, Monsieur le Maire, l'assurance de mes sentiments respectueux.

Signature

et adresse écrite bien lisiblement avec le nom du Dépar-tement.

---

(1) Supprimer ces trois lignes si la légalisation n'est pas nécessaire.

Modèle N° 2

Demande du même acte de naissance au Greffier du tribunal civil de l'arrondissement dans lequel se trouve la commune.

(Lieu et date)

St-Martin, le 4 février 1878

Monsieur le Greffier,

J'ai l'honneur de vous prier de vouloir bien me délivrer une expédition sur timbre *et légalisée* (1) de l'acte de naissance de Maurel, Pierre-Joseph, fils de Jacques-Léon Maurel et de Marguerite Bremond, né à *(nom de la commune)* dans votre arrondissement, le . . . . *(indiquer au moins l'année; le mois et le jour, si c'est possible.)*

Vous trouverez ci inclus un mandat de poste de. . . . *(voir au tableau page 40)* ou . . . .(voir page 41) *en timbres-poste*, pour vous couvrir de vos frais et débours, avec envoi de la pièce franco et le plus tôt possible.

Veuillez agréer, Monsieur le Greffier, l'assurance de mes sentiments de considération.

Signature

et adresse écrite bien lisiblement, avec le nom du département.

————

(1) Supprimer ces deux mots, si la légalisation n'est pas nécessaire.

Modèle Nᵒ 3

Demande d'un acte de décès au Maire.

(*Lieu et date*)

Monsieur le Maire,

J'ai l'honneur de vous prier de vouloir bien me délivrer une expédition sur timbre de l'acte de décès de Maurel, fils de..... Maurel et de...... Bremond.

(S'il était époux ou veuf, ou tous les deux, *indiquer les prénoms et nom de sa dernière femme*) époux ou veuf de Marie-Antoinette Guérin, décédé dans votre commune, le..........

La suite comme au Nᵒ l.

Modèle Nᵒ 4

Demande du même acte de décès au Greffier
du tribunal civil.

(*Lieu et date*)

Monsieur le Greffier,

J'ai l'honneur de vous prier de vouloir bien me délivrer une expédition sur timbre *et légalisée* (1) de l'acte de décès de Maurel.......... fils de ..... Maurel et de..... Bremond, (s'il était veuf ou époux ou tous les deux, indiquer les prénoms et noms de sa dernière femme) époux cu veuf de Marie-Antoinette Guérin, décédé à .. .... (*nom de la commune*) dans votre arrondissement, le .....

La suite comme au Nᵒ 2.

(I) Voir la note du Nᵒ 2.

Modèle N° 5

Demande d'un acte de mariage au Maire.

(*Lieu et date*)

Monsieur le Maire

J'ai l'honneur de vous prier de vouloir bien me délivrer une expédition sur timbre de l'acte de mariage de
Maurel, Pierre-Joseph et Marie-Antoinette Guérin,
mariés dans votre commune le ., ...

La suite comme au N° 1.

Modèle N° 6

Demande du même acte de mariage au Greffier
du Tribunal civil.

(Lieu et date)

Monsieur le Greffier,

J'ai l'honneur de vous prier de vouloir bien me délivrer une expédition sur timbre et *légalisée* (1) de l'acte
de mariage de Maurel Pierre-Joseph et Marie-Antoinette
Guérin, mariés à . . . . . . (*nom de la commune*) dans
votre arrondissement, le . . . . .

La suite comme au N° 2.

Voir la note du N° 2.

Modèle N° 7

Demande au Greffier du tribunal civil, d'une
copie de pièces ayant servi à un mariage.

(Lieu et date)

Monsieur le Greffier,

J'ai l'honneur de vous prier de vouloir bien me délivrer une copie sur timbre et *légalisée* (1) de l'acte de
naissance (ou de décès) de . . . . . (*nom et prénoms de la*
personne qui fait l'objet de la pièce) annexé à l'acte de
mariage de Maurel Pierre-Joseph avec Marie-Antoinette
Guérin, célébré à . . . . . (*nom de la commune*) dans
votre arrondissement, le . . . . .

La suite comme au N° 2

(1) Voir la note du N° 2.

Modèle N° 8

Demande d'un certificat de publications de
mariage au Maire.

(Lieu et date)

Monsieur le Maire,

J'ai l'honneur de vous prier de vouloir bien me délivrer un certificat sur timbre des publications de mariage,
concernant Maurel Pierre-Joseph et Marie-Antoinette
Guérin, lesquelles ont eu lieu dans votre commune les
dimanches . . . . . *indiquer leur date, ou, à défaut,*
dernièrement.

La suite comme au N° I.

Modèle N° 9

Demande d'une note d'acte de naissance, de décès,
ou de mariage, au Maire de n'importe quelle
commune

(Lieu et date)

Monsieur le Maire,

J'ai l'honneur de vous prier de vouloir bien me délivrer une *note* de l'acte de naissance de Maurel . . . . . fils de. . . . . Maurel et de . . . Bremond, né dans votre commune, le . . . .

—— ——

ou une *note* de l'acte de décès de Maurel . . . . . fils de. . . . . Maurel et de . . . : Bremond, époux ou veuf (s'il y a lieu) de . . . . . Guérin, décédé dans votre commune le . . . .

—— ——

ou une *note* de l'acte de mariage de Maurel. . . . . . et. . . . . . Guérin, mariés dans votre commune, le . . . .

Vous trouverez ci-joint un timbre-poste, pour l'envoi franco de cette note, que je désire recevoir au plus tôt possible.

Veuillez agréer . . . . .

EXEMPLES QU'IL NE FAUT PAS SUIVRE
EXEMPLE 1

DÉCLARATION DE NAISSANCE OUBLIÉE

Le nommé Marnier, avait l'habitude, pour ne pas perdre du temps, de laisser le soin de faire la déclaration de naissance de ses enfants, à la sage-femme.

Voulant, en 1858, envoyer à l'école un de ses garçons, né en 1852, on ne trouva pas sur les registres son acte de naissance, et la sage-femme étant déjà morte, on a toujours pensé qu'elle avait oublié la déclaration.

On se contenta donc, pour l'école, de l'acte de baptême de l'enfant ; mais, à vingt quatre ans, le jeune Marnier, croyant avoir échappé à la conscription voulut se marier, et n'étant pas enregistré à l'État-civil, il lui fallut un acte de notoriété (environ 70 f. de frais) ; n'ayant pu justifier qu'il avait tiré au sort pour le recrutement militaire, il fut pris comme omis de sa classe ; il tira un mauvais n°. : le mariage fut renvoyé à plus tard, s'il retourne de l'armée. Ce n'est pas tout, il a des parents éloignés qui peuvent lui laisser quelque fortune, il lui faudra, dans ce cas, peut-être encore un jugement du tribunal, pour remplacer son acte de naissance omis, l'acte de notoriété n'étant bon que pour le mariage.

Tout cela, parce que le père a négligé de faire lui-même la déclaration de naissance de son enfant.

—

EXEMPLE 2

DÉCLARATION DE NAISSANCE SANS PIÈCES A L'APPUI

Le sieur Reynaud, journalier, illitéré, avait fait lui-même la déclaration de naissance de ses enfants, mais sans présenter aucune pièce.

Après sa mort, les quatre enfants qu'il avait laissés, eurent du chef de leur père la succession d'un oncle. Cette succession leur fut disputée en partie par d'autres parents. Ils furent obligés de fournir chacun leur acte de naissance ; or, un seul avait été bien enregistré ; les trois autres portaient le nom de Raynaud, Reinaud et Renaud ; il fallut à ces trois neveux de l'oncle Reynaud un jugement de rectification pour leur nom de famille, afin de leur donner droit à cette succession qui était peu importante et dont une partie fut absorbée par ces frais, après plusieurs mois de retard.

EXEMPLE 3.

ERREUR D'UNE LETTRE A UN NOM DE FAMILLE ITALIEN

Le nommé Oreggia, sujet italien, avait été enregistré à sa naissance sous le nom de Breggia, à la suite d'une erreur commise sur le vu d'une pièce italienne, mal écrite ou mal lue.

A cause de cette erreur, il n'avait aucun droit à une succession qui lui était contestée ; il fut obligé de faire venir de loin des témoins pour l'enquête qui eut lieu avant le jugement de rectification par le tribunal civil : Il eut 165 francs de frais et quatre mois de retard.

—

EXEMPLE 4.

ERREUR DE PRÉNOMS A UN CONJOINT DANS UN ACTE DE DÉCÈS

Le sieur Vernon, Antoine-Jules, avait quitté sa commune dans le Var, pour venir habiter Marseille et n'avait apporté avec lui aucun papier d'état civil ou autre. Un an après il perdit sa femme, et des voisins officieux firent à la Mairie la déclaration de décès, munis seulement du certificat obligatoire du médecin, sur lequel la décédée avait ses prénoms et nom, avec la désignation d'épouse Vernon.

Dans l'incertitude des prénoms de ce dernier, qu'ils ne connaissaient que par son nom de famille, et ne prévoyant pas les conséquences qui pouvaient en résulter, les témoins lui donnèrent le prénom de Joseph, qui leur semblait être le sien.

Trois ans après, Vernon vient pour se remarier ; il présente son acte de naissance et l'acte de décès de sa première femme ; l'officier de l'état civil ne voulut pas, avec raison, recevoir ce dernier acte, sans un jugement de rectification pour les prénoms de *Antoine-Jules*, changés en celui de *Joseph*.

80 francs de frais, 2 mois de retard

—

EXEMPLE 5

ERREUR DANS L'ORTHOGRAPHE DES PRÉNOMS ET NOM, DANS UN ACTE DE DÉCÈS.

Le nommé Louis-Antoine Pirat, retraité, jouissant, sous ce nom, d'une pension viagère du Gouvernement, avait été enregistré à son décès sous les prénoms et nom de Louis-Antonin Pirot, sur la déclaration de deux témoins, qui sans pièces, affirmèrent néanmoins, que c'était bien là ses prénoms et nom.

A la caisse de la trésorerie générale, on ne voulut payer les arrérages de la pension aux héritiers, qu'après un acte rectificatif dressé par un notaire.

Il fallut faire appeler des témoins pour attester l'identité du décédé, malgré les différences de prénoms et nom existant dans son acte de décès.

La moitié de la somme à retirer, fut nécessaire pour le payement des frais.

EXEMPLE 6

OMISSION DE LA DÉCLARATION D'UN PREMIER CONJOINT DANS UN ACTE DE DÉCÈS.

Le sieur Lionel venait retirer un extrait de l'acte de décès de sa mère morte depuis dix ans, pour en faire usage dans un règlement d'affaires de famille, en son pays.

La décédée avait été mariée deux fois, et on n'avait déclaré que le dernier mari, Rives, sans savoir, ou sans penser qu'il y en avait un premier, Lionel.

Cet acte de décès, ne parlant pas de son père, ne put servir à cet enfant d'un premier lit; il lui fallut un jugement du tribunal, 100 f. de frais et trois mois de plus de temps.

NOTE

Note 1. (*page 37*) — On trouvera ici l'indication des Mairies en France, où l'on pourrait, quelquefois, trouver l'acte de décès d'une personne disparue depuis longtemps à l'étranger, ou l'acte de naissance de jeunes gens qui ont pu être soumis au recrutement militaire, quoique ne demeurant pas en France.

1° — Ceux qui résident (ou auraient résidé) en Angleterre, Belgique, Suède et Norwège Russie (sauf le littoral de la Mer Noire) Autriche-hongrie, (sauf le littoral de l'Adriatique) et en Allemagne,
> *à la Mairie du 6me arrondissement de Paris.*

2° — Ceux qui résident (ou auraient résidé) en Suisse,
> *à la Mairie de Besançon (Doubs).*

3° — Ceux qui résident (ou auraient résidé) en Moldo-Valachie, en Turquie et généralement dans tous les pays d'Europe, d'Asie ou d'Afrique (à l'exception toutefois de l'Espagne) qui sont baignés soit par la Mediterranée, soit par des mers adjacentes,
> *à la Mairie de Marseille.*

4° — Ceux qui résident (ou auraient résidé) en Espagne, au Portugal, dans l'Amérique du Sud et sur le côtes occidentales et orientales de l'Afrique,
> *à la Mairie de Bordeaux.*

5° — Enfin *à la Mairie du Hàvre,* ceux qui résident (cu auraient résidé) dans l'Amérique du Nord.

Extrait de la circulaire ministerielle du 11 mai 1875.

EXTRAIT DE LA STATISTIQUE OFFICIELLE

MILLESIME	TOTAL DES NAISSANCES	DIVISÉ EN	
		LÉGITIMES	NATURELLES
1857	8505	6983	1522
1867	9874	8288	1586
1868	9640	8302	1338
1869	9932	8539	1393
1870	9487	8135	1352
1871	8675	7414	1261
1872	9608	8263	1345
1873	9647	8119	1268
1874	9387	8084	1302
1875	9354	8071	1283
1876	9895	8667	1228
1877	9629	8493	1126

Il est facile de comprendre qu'en temps ordinaire le nombre des actes reçus à l'Etat-civil, suive la marche de la population, selon qu'elle augmente ou qu'elle diminue; il n'en est pas de même à la suite de circonstances extraordinaires.

Partant, on pourra remarquer que le nombre des naissances avait diminué pendant la guerre de 1870-71 et que par contre celui des décès avait augmenté; il en a été de même en 1875, pour le nombre des décès, lequel avait augmenté à cause de l'épidémie de variole, qui avait fait

ENFANTS RECONNUS DANS L'ANNÉE	MARIAGES	DÉCÈS	MORTS NÉS
482	2231	7518	638
471	2439	8528	713
413	2295	8814	617
504	2330	9079	595
536	1952	9568	603
501	2204	11285	621
549	2783	8588	772
707	2516	9073	811
687	2401	8916	786
501	2446	9688	771
531	2428	8966	771
694	2470	9539	704

beaucoup de ravages dans certains quartiers de Marseille; mais par une loi providentielle qui est la même partout, l'année qui suit ces situations extraordinaires se trouve alors avoir moins de décès, comme on peut voir sur le tableau, et leur nombre se rétablit bientôt à l'état normal, qui est de 3 *décès pour cent habitants, par an*, ce qui fait dire aux faiseurs de statistique que la durée moyenne de la vie humaine est de 33 à 34 ans.

Ce calcul est même le moyen que l'on employait autrefois, pour connaître la population d'un pays et qu'on peut faire aujourd'hui encore, en reconnaissant qu'il est aussi exact que certaines statistiques.

Prenons pour exemple la ville de Marseille dont la population est, d'après le dernier recensement, de 318,868 habitants.

$$
\left.\begin{array}{l}
\text{Décès de 1877} - 9539 \\
\text{Ce nombre multiplié par la durée} \\
\text{moyenne de la vie des décédés. ans,} \quad 33\ 1/3
\end{array}\right\} 317,964
$$

Nota. Les enfants nés morts, ou morts avant déclaration de naissance, qu'on désigne sous les termes impropres de *mort-nés*, forment une catégorie à part et ne sont compris ni aux naissances ni aux décès, dans les statistiques officielles.

FIN

Marseille. — Imp. St-Joseph, rue Ste-Pauline 2 a

TABLE DES MATIÈRES

NAISSANCE

MARIAGE

Consentement des parents

DÉCÈS

TRANSCRIPTIONS

EXPÉDITIONS OU EXTRAITS

www.ingramcontent.com/pod-product-compliance
Lightning Source LLC
Chambersburg PA
CBHW032309210326
41520CB00047B/2358